CONQUI$TAR E MANTER CLIENTE$

Práticas diárias que todos conhecem, mas só os bem-sucedidos utilizam

Daniel Godri

"Encomendei 1.000 (mil) exemplares deste livro para distribuir aos amigos, funcionários e pessoas em geral".

CMTE Rolim Adolfo Amaro
Fundador da TAM, em entrevista
à revista ISTO É.

"Encomendei 2.000 exemplares deste livro e os resultados foram extraordinários, valeu cada centavo investido".

Fábio Oliveira - Presidente do grupo
MOCOCA S/A Produtos Alimentícios

"Este livro mostra que o segredo dos bem-sucedidos está no uso do Marketing Diário.

São práticas abordadas de forma simples pelo autor que, desta forma, contribuem para a melhoria da relação entre empresa e clientes".

Rede Globo de Televisão
Programa Pequenas Empresas,
Grandes Negócios - 18/12/1994.

Rua das Missões, 696
89051-000 - Blumenau - SC

Editoração Eletrônica
Big Print Comunicação Visual

Texto
Daniel Godri

Revisão
Helena Cristina Lübke

Ilustração
Simara Scotolin Machado

Capa
Vanguarda Produções & Marketing

IMPRESSO NA CHINA
www.eko.com.br

Dados Internacionais de Catalogação na Publicação (CIP)
(Câmara Brasileira do Livro, SP, Brasil)

Godri, Daniel
  Conquistar e manter clientes : práticas diárias que todos conhecem, mas só os bem-sucedidos utilizam / Daniel Godri.
-- Blumenau, SC : Editora Eko, 2010.

ISBN 978-85-85415-49-5

1. Clientes - Contatos 2. Consumidores - Satisfação
3. Serviço ao cliente I. Título.

09-09102   CDD-658.812

Índices para catálogo sistemático:

1. Clientes : Satisfação : Administração de empresas   658.812
2. Satisfação do cliente : Administração de empresas   658.812

ÍNDICE

Olá! Meu nome é Ben 7
A Importância dos Detalhes 13
Acompanhamento 15
Contato Pessoal 17
Sorrir 19
Demonstração do Produto ou Serviço 21
Facilidade e Agilidade 23
Importância do Nome 25
Laços de Amizade 27
Comodidade 29
Credibilidade 31
Motivação 33
Clientes Satisfeitos 35
Ação 37
Elogios 39
Reclamações 41
Persistência 43
Criatividade 45
Acredito em Mim Mesmo 47
Comprometimento 49
Valorizo a Escolha do Cliente 51
Lua de Mel 53
Compra com o Coração 55
Ser Humano Único 57
Servir ao Cliente 59
Presentes 61
Telefone 63
A Pessoa Mais Importante 65
Referências 67
Correção da Rota 69
Objetivo 71
Sucesso 73
Oração 74
Cursos Disponíveis com o Autor 78
Vídeos para Treinamentos 79
Serviço de Atendimento ao Cliente 80

Ao nosso Deus: por Seu persistente entusiasmo em renovar a criação a cada manhã, sem nunca levar em conta a dignidade ou merecimento de cada um de nós, seus principais clientes...

Olá! Meu nome é Ben.

Como tantos outros, iniciei na atividade de vendas por questão de sobrevivência.

Por falta de conhecimento e experiência, na maioria dos casos recebi um "não" como resposta.

Possuindo grande insegurança, inúmeras vezes vacilei frente à porta dos clientes, até adquirir coragem para contatá-los.

Nas reuniões de avaliação, e entre todos os meus colegas, eu era conhecido como "Benlento".

Acreditando que a causa principal do meu infortúnio estava nos produtos que oferecia, troquei de empresa dezenas de vezes sem, contudo, conseguir qualquer melhora significativa.

Como última tentativa, pouco antes de entregar os pontos, acompanhei e observei diversos campeões de venda em ação.

Para minha surpresa e esperança, descobri que eles não possuíam qualidades excepcionais; muitos tinham até pouca formação escolar.

São pessoas comuns, sem qualquer fórmula mágica, mas todas possuindo um grande amor pelo que fazem e uma paixão incontrolável pelo cliente.

Diariamente usam práticas simples e comuns e, por isso mesmo, muito eficazes.

Mesmo não acreditando, passei a utilizar essas práticas diárias.

E o inesperado aconteceu...

Novas oportunidades surgiram e meu índice de aproveitamento melhora a cada contato.

Os negócios, que antes pareciam impossíveis, agora se concretizam naturalmente.

Conquistei espaços nunca antes por mim imaginados.

Percebi que o meu relacionamento se tornou muito mais agradável e duradouro, proporcionando-me, ainda, excelentes dividendos.

Assim, pretendo agora compartilhar com você as 31 práticas que me transformaram e ajudaram a conquistar e fidelizar os clientes.

O que estamos esperando? Vamos a elas...

DIA 1º — A IMPORTÂNCIA DOS DETALHES

✓ As melhores armas de Marketing não custam absolutamente nada.

✓ Os clientes adoram cortesia, simpatia, entusiasmo, alegria e amizade.

✓ Cuido sempre dos detalhes.

✓ Observo que as empresas normalmente quebram pela somatória de pequenos erros; raramente por um único grande erro.

✓ Um "bom-dia", dito com alegria ao telefone, e a satisfação em servir valem mais do que todo o composto promocional.

✓ Os mosquitos nos irritam muito mais do que os elefantes.

✓ São as ervas daninhas que sufocam a vida de uma organização.

✓ Treino e valorizo as recepcionistas, os guardas, as telefonistas, as secretárias, porque eles podem, num único contato, melhorar ou destruir toda a imagem da minha empresa.

✓ Cuido dos detalhes da minha empresa: o uniforme, a correspondência, a pintura, os móveis e tudo mais.

✓ Nenhum detalhe é pequeno demais.

2 DIA 10 — ACOMPANHAMENTO

✓ Acredito que a chave para a lealdade do cliente é o acompanhamento.

✓ Jamais esqueço o cliente. Jamais deixo que ele me esqueça.

✓ O acompanhamento é a minha maior vantagem competitiva.

✓ Sei que o relacionamento é como um grande caso de amor: se não se mantém, ele se desgasta.

✓ Somente os bem-sucedidos acompanham os clientes, mesmo após a negociação (pósvenda).

✓ Nenhuma venda é a última.

✓ Ouvir os clientes supera a mais cara pesquisa.

✓ O que importa não é somente a 1ª impressão, mas a 2ª, a 3ª, a 4ª...

✓ Cuido para não perder o cliente de uma só vez e cuido ainda mais para não perdê-lo aos poucos.

✓ Recompenso e reconheço os meus colaboradores.

✓ Treinar e motivar os funcionários é muito mais importante do que novas contratações.

3º DIA

CONTATO PESSOAL

✓ A propaganda é apenas 1% do processo de Marketing; o contato no dia a dia é o que realmente importa.

✓ Nada substitui um contato pessoal e caloroso.

✓ Todos querem se sentir únicos, esperados, importantes.

✓ Os clientes procuram bons serviços, bom atendimento.

✓ Custa 6 vezes menos manter um cliente a conquistar um novo.

✓ Considero as pessoas como meu maior patrimônio.

✓ Qualquer lembrança do cliente serve para reforçar meu contato, tais como aniversário, preferências, viagens, etc.

✓ Uso a persuasão por ser positiva, ao passo que a manipulação é negativa.

✓ Contrato pessoas que gostam de trabalhar com clientes.

✓ O maior de todos os serviços é o amor.

4º DIA SORRIR

✓ A cada dia olho no espelho e analiso como anda minha expressão facial.

✓ Evito expressão de indiferença.

✓ Elimino expressão de tristeza.

✓ Reforço toda expressão de alegria.

✓ Sorrio quando falo algo: isto faz com que meus clientes se sintam especiais.

✓ Sorrio até deslocar o queixo.

✓ Uso de gentilezas, principalmente com o meu pessoal.

✓ Trato meus fornecedores como se fossem meus clientes.

✓ Jamais uso de rudeza com qualquer pessoa, principalmente com meus clientes.

✓ Tenho senso de humor.

✓ Enquanto eu rir, jamais serei pobre.

5º DIA
DEMONSTRAÇÃO DO PRODUTO OU SERVIÇO

✓ Valorizo cada demonstração, pois represento centenas de pessoas que se envolveram no processo de fabricação.

✓ O tempo em que estou na frente do cliente é meu horário nobre.

✓ Sempre procuro demonstrar da melhor forma meus produtos e serviços.

✓ Os apelos feitos para os olhos são 70% mais eficazes do que apenas o uso de palavras.

✓ Faço coisas comuns de maneira incomum.

✓ Deixo o cliente provar, sentir, degustar, etc.

✓ Sempre que possível, faço uso de consignação.

✓ Mesmo a qualidade total não consegue superar um atendimento mal-prestado.

✓ O que os clientes mais querem são informações sobre o produto.

6 DIA 10 FACILIDADE E AGILIDADE

✓ Quanto mais facilito e agilizo a transação, mais os clientes compram de mim.

✓ Sou ágil nos pedidos de compra.

✓ E mais ágil ainda nas solicitações especiais de troca de mercadorias.

✓ Mantenho a coisa simples, elimino burocracia excessiva.

✓ Evito criar normas que me previnam dos maus clientes e que possam prejudicar o atendimento aos bons clientes.

7º DIA — IMPORTÂNCIA DO NOME

✓ Ajudo as pessoas a lembrar do meu nome. Associo-o a algo.

✓ Chamo meus clientes, funcionários, fornecedores pelo nome.

✓ O próprio nome soa como música aos ouvidos das pessoas.

✓ Utilizo cartões de visita. Ofereço o meu e solicito o do outro.

✓ Apresento-me pelo nome.

✓ Mantenho meu nome visível e sempre "fresco" na cabeça do cliente.

✓ Repito o nome várias vezes.

8 DIA º LAÇOS DE AMIZADE

✓ Faço amigos. Todos gostam de comprar de amigos.

✓ Os laços de amizade criam a lealdade do cliente à minha empresa.

✓ Amizade: nisto dificilmente o concorrente poderá me imitar.

✓ Procuro encantar o cliente.

✓ Sou amigo dos fornecedores, funcionários, clientes e, o quanto possível, dos concorrentes.

✓ Principalmente em momentos de crise, mais nos aproximamos dos amigos.

9º DIA

COMODIDADE

✓ Faço tudo para que o cliente ache cômodo fazer negócio comigo.

✓ Facilito a entrega, cobrança, crediário, escolha, troca, etc.

✓ Faço o cliente adquirir o hábito de me procurar sempre.

✓ Jamais dificulto as coisas.

✓ Sei que os clientes estão cada vez mais pobres de tempo e de paciência.

✓ Valorizo o tempo do cliente.

✓ Procuro ser solução e não um problema para o cliente.

10 DIA 1º — CREDIBILIDADE

✓ Os pequenos atos desonestos prejudicam tanto ou mais que os grandes.

✓ Não prometo o que não posso cumprir.

✓ Evito criar altas expectativas.

✓ Procuro fazer mais do que prometi.

✓ As pessoas precisam acreditar em mim para fazer negócio comigo.

✓ Sou honesto nas minhas afirmações.

✓ Eu sou a imagem de minha empresa.

✓ Faço parecer que é seguro negociar comigo.

✓ Ser sincero sempre rendeu grandes dividendos.

✓ Jamais falo mal dos meus concorrentes.

11º DIA — MOTIVAÇÃO

✓ Como resultado da minha vinda ao trabalho com entusiasmo, o cliente se beneficia.

✓ Pensamento positivo me transforma naquilo que penso.

✓ Ajo entusiasticamente.

✓ Entusiasmado, contagio meus colaboradores, e eles, a meus clientes.

✓ O entusiasmo dos meus clientes contagia outros clientes.

✓ Vacino-me contra a desmotivação, que é o inimigo interno mais perigoso de todos.

✓ O autoelogio me mantém entusiasmado.

✓ Os pessimistas se autorrotulam de realistas.

✓ Fico ainda mais motivado quando enfrento uma crise.

✓ Pessoas motivadas têm motivos para agir.

✓ A pessoa desmotivada quer que cheguemos, no máximo, ao nível dela.

✓ "Não" é a palavra mais desmotivante.

✓ Ninguém consegue estar sempre motivado. É preciso alimentar essa energia continuamente.

12 DIA º CLIENTES SATISFEITOS

✓ Tenho a satisfação do cliente como meu objetivo maior.

✓ Clientes satisfeitos são os meus mais poderosos aliados.

✓ Clientes apóstolos são os que, por livre iniciativa, indicam meu nome, meus produtos e serviços.

✓ Minha principal tarefa é fazer o cliente feliz.

✓ Eles, voluntariamente, farão propaganda de mim e da minha empresa.

✓ Clientes satisfeitos são o meu maior "ativo".

✓ Eles me dão referências de valor incalculável.

✓ Garanto a satisfação ou devolvo o dinheiro ao cliente.

✓ Faço o cliente dizer "Uau!"

13º DIA — AÇÃO

✓ Haja o que houver, ajo.

✓ Perdendo tempo, destruo muitas oportunidades.

✓ Procuro a perfeição: sempre há algo para melhorar.

✓ Começo agora: ponho em prática minhas ideias.

✓ Sou prático no meu dia a dia.

✓ Saio na frente. A iniciativa é tudo o que a competição não é.

✓ Os bem-sucedidos erram muito, mas são valorizados pela iniciativa.

✓ Ideias não são suficientes, somente a ação importa.

14 DIA 1º ELOGIOS

✓ Elogio o cliente pela escolha feita.

✓ Elogio prodigamente meus colaboradores.

✓ A maioria trabalha pelo reconhecimento.

✓ Elogio a mim mesmo, parabenizo-me a cada bom negócio: isso aumenta meu entusiasmo, massageia meu ego, porque, afinal, ninguém é de ferro.

✓ Nunca lamento ou faço pouco de mim mesmo: ninguém gosta de negociar com um perdedor.

✓ Elogio sempre com muita sinceridade; quanto mais sincero for, maior será o efeito.

✓ As pessoas adoram ouvir elogios; adoram quem lhes faz elogios e sempre ficam esperando mais.

15 DIA¹⁰ RECLAMAÇÕES

✓ Evito criar atritos: posso ganhar uma batalha, mas com isso perder a guerra.

✓ As reclamações são o termômetro do mercado.

✓ Para cada reclamação, outros 20 clientes com o mesmo problema não o fizeram.

✓ A reclamação é de grande valia para sanar os erros e melhorar sempre mais.

✓ Normalmente, os clientes gravam como o problema foi solucionado e não o erro inicial.

✓ Transformo o cliente queixoso em cliente assíduo.

✓ Peço desculpas: isso é um ato extraordinário.

✓ São as más notícias as que mais necessito ouvir.

✓ Falta de notícias não significa notícias boas.

✓ Treino minha equipe para resolver problemas e não para resistir aos clientes.

✓ O cliente pode não estar com a razão, mas ele está sempre em primeiro lugar.

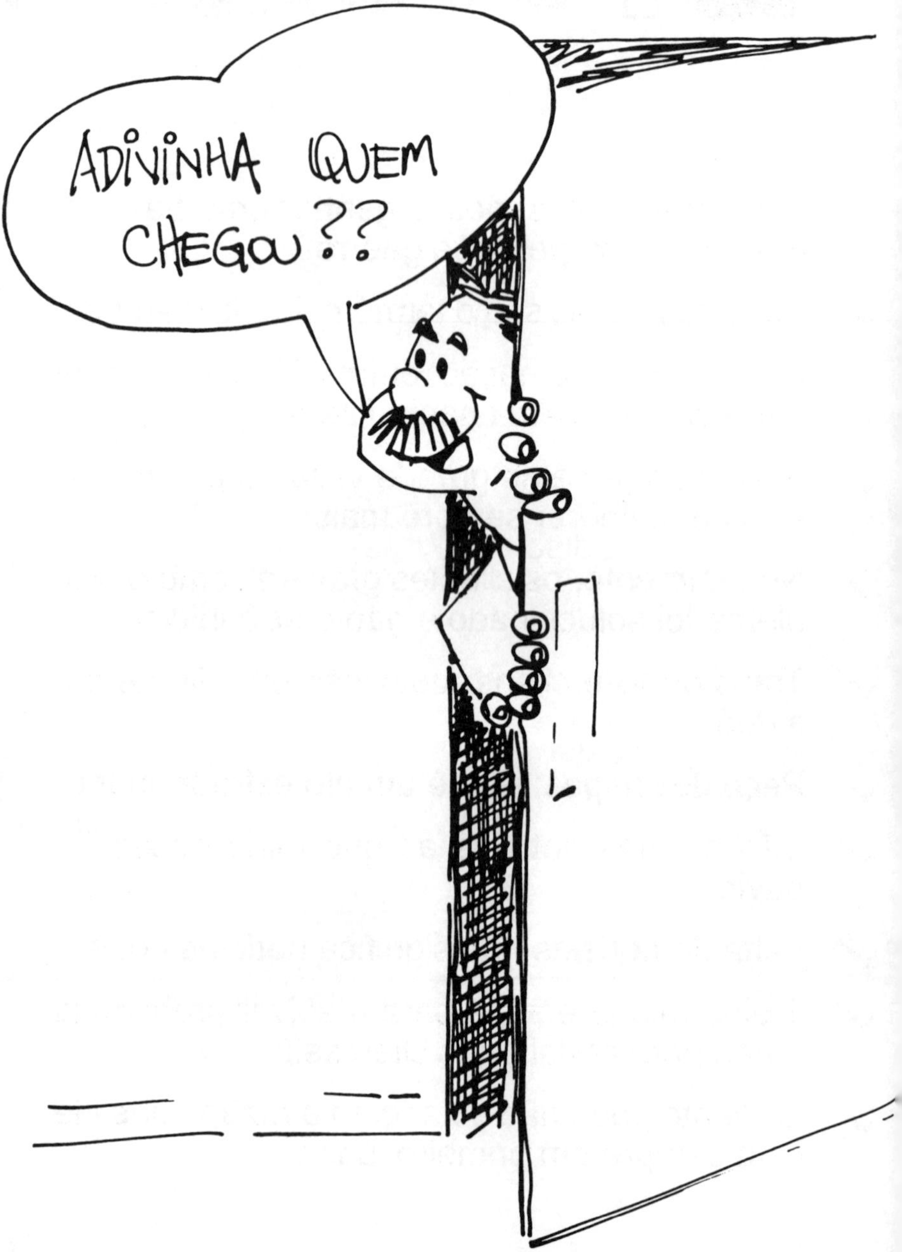
ADIVINHA QUEM CHEGOU??

16 DIA 1º PERSISTÊNCIA

✓ Em geral, não é no primeiro contato que o cliente compra.

✓ A maioria desiste apenas a um passo do sucesso.

✓ Faço uma visita a mais, telefono novamente, escrevo.

✓ Thomas A. Edison, um dos maiores gênios da nossa história, persistiu 1.000 vezes até inventar a lâmpada elétrica.

✓ A persistência é a vitamina do sucesso.

✓ Busco a excelência até eliminar todo índice de erros, assim como um piloto na hora de decolagem e aterrissagem.

✓ Continuo. Persevero. Insisto.

✓ Hoje supero toda a ação que executei ontem.

17º DIA — CRIATIVIDADE

✓ Uso a imaginação.

✓ Observo e anoto tudo o que pode ser mudado ou melhorado.

✓ Ponho-me no lugar do concorrente.

✓ Não imito, crio.

✓ Pensar sai barato e é a melhor receita para a crise.

✓ Estimulo a minha criatividade e a da minha equipe.

✓ As boas ideias possuem uma elegante simplicidade.

✓ Recompenso o pessoal que traz ideias criativas de fora e avalio a possibilidade de adaptá-las ao meu caso.

✓ Fazendo o que sempre faço, só ganho aquilo que sempre ganhei.

✓ Toda ideia nova é absurda, até que se torne um sucesso.

18º DIA ACREDITO EM MIM MESMO

- ✓ "Eu Posso" é uma sentença poderosa. Eu posso.
- ✓ Há situações em que o meu "faro" é fundamental.
- ✓ Ouço a minha intuição.
- ✓ Acredito em mim, mesmo que ninguém mais acredite.
- ✓ Se eu não acreditar em mim, quem o fará?
- ✓ Todos gostam de fazer negócios com um otimista.
- ✓ Meus colaboradores imitam e perpetuam meu estilo.
- ✓ Posso ser meu maior amigo, bem como meu maior inimigo.
- ✓ Reconheço meu medo, assim elimino a tensão.
- ✓ Centuplico meu valor.
- ✓ As boas oportunidades são oferecidas para quem faz por merecê-las.
- ✓ Sou como águia pequena que nasceu para as alturas.

19 DIA 10 — COMPROMETIMENTO

✓ Meus colaboradores se comprometem com o cliente, da mesma forma que eu me comprometo com eles.

✓ Comprometo-me com uma boa causa.

✓ Uma boa causa é progredir com qualidade e ter lucro. A melhor causa é bom serviço ao cliente.

✓ Comprometo-me com a excelência, não me contento com menos.

✓ A excelência é o grande diferencial.

✓ Ninguém consegue tratar bem um cliente depois de ter sido maltratado pelo chefe.

20 DIA 1º VALORIZO A ESCOLHA DO CLIENTE

✓ Entre diversos concorrentes, o cliente me escolheu.

✓ Faço perceber que valorizo essa escolha.

✓ Trato-o como a um rei.

✓ Lembro-me de que é o cliente quem paga o meu salário.

✓ Conhecer o cliente é tão importante quanto conhecer o produto.

✓ Faço perguntas. Uso "Por que?" e "Além disso?"

✓ Procuro ouvir mais.

✓ Todos gostam de estar onde a maioria frequenta.

✓ 20% dos meus clientes representam 80% do meu faturamento.

21 DIA 1º LUA DE MEL

✓ A verdadeira venda começa depois de realizada.

✓ O trabalho de pós-venda é o mais importante nos negócios.

✓ Escrevo ou telefono para o novo cliente, agradecendo-lhe pela compra.

✓ Continuo o namoro, principalmente quando o cliente menos espera.

✓ Nenhum cliente se magoa por ser lembrado em excesso.

✓ Em geral, são gastas verdadeiras fortunas para conquistar novos clientes e esquece-se dos que já negociaram.

22 DIA 10 COMPRA COM CORAÇÃO

✓ A maioria das compras é feita pela emoção e não pela razão.

✓ Vendo benefícios - o que lhes fará bem.

✓ Descubro quais são os apelos emocionais do meu cliente.

✓ Adoramos comprar, mas não gostamos que nos vendam.

✓ Faço o cliente sentir verdadeira paixão pelo meu produto e serviço.

✓ Penso e ajo com o coração, não somente com o cérebro.

✓ Faço uso da inteligência emocional.

23º DIA SER HUMANO ÚNICO

✓ Sei que cada cliente é único: não há dois iguais.

✓ Dou prioridade ao vínculo humano, antes de me dedicar ao vínculo comercial.

✓ Sei que atrás de cada negócio há um ser humano.

✓ Trato o cliente pelo nome. Repito-o várias vezes.

✓ Uso palavras amigáveis e cordiais na minha comunicação.

✓ Não uso formas e chavões decorados, procuro me adequar a cada caso.

24 DIA 1º SERVIR AO CLIENTE

✓ Acredito que o atendimento é sinônimo de empatia e atenção.

✓ Sei que se entro no negócio apenas para ganhar dinheiro, acabo perdendo-o.

✓ Entrando no negócio para servir ao cliente, ganho muito dinheiro.

✓ Procuro causar a melhor impressão e não deixo o cliente esperar.

✓ Acredito que um serviço melhor ao cliente é inegociável.

✓ Ouço, compreendo e, por isso, atendo melhor os clientes.

✓ Servir bem ao cliente sempre gera grandes dividendos.

✓ Procuro colocar o cliente no topo do organograma da empresa: isso faz com que os funcionários percebam a importância do cliente.

25 DIA 1º PRESENTES

✓ Uso de gentilezas dentro da minha empresa.

✓ Procuro presentear, mesmo que o cliente não tenha comprado nada de mim.

✓ Sempre que possível, trabalho com descontos.

✓ Todos gostam de brindes.

✓ "Grátis" soa como magia.

✓ Presenteio sempre, por mais simples que seja o presente.

✓ Procuro encantar o cliente.

26 DIA 10 TELEFONE

✓ Faço do telefone um aliado meu e do cliente.

✓ Evito demora no atendimento ou deixar clientes na linha de espera.

✓ O telefone é uma grande arma de vendas.

✓ Ligo para o cliente, mesmo sem intenção de vender.

✓ Ouço o cliente. Abro uma linha direta.

✓ Lembro que uma telefonista pode salvar ou afundar uma empresa.

27º DIA
A PESSOA MAIS IMPORTANTE

✓ Paro e analiso: quanto vale um cliente?

✓ Tenho um verdadeiro amor pelo cliente.

✓ O cliente é quem possibilita meus lucros.

✓ Ele sempre tem razão, mesmo quando acham que não tem razão.

✓ Meu sucesso depende do cliente.

✓ Se ele não me fizer rico, quem me fará?

28 DIA 1º REFERÊNCIAS

✓ O segredo do sucesso é a repetição das compras.

✓ As melhores referências são aquelas dos clientes apóstolos, ou seja, os clientes satisfeitos, que fazem propaganda do meu produto ou serviço.

✓ Clientes satisfeitos contam para mais 5 outros. O insatisfeito conta para mais 17.

✓ Solicito indicações: isso faz os clientes se sentirem importantes.

✓ O marketing boca a boca é o mais eficaz e o mais barato do mundo.

✓ Clientes satisfeitos geram referências de valor incalculável.

✓ São os clientes satisfeitos que vendem para mim.

29 DIA 1º CORREÇÃO DA ROTA

✓ Às vezes, é melhor pedir perdão a pedir permissão.

✓ Analiso os desvios e corrijo a rota.

✓ Elimino as atitudes contrárias ao meu objetivo.

✓ Nas falhas, repreendo meu comportamento, porém sempre elogio o meu eu.

✓ Evito desviar-me da rota inicial por algo tentador, porém leviano, que muitas vezes aparece no caminho.

✓ Face ao dinamismo dos negócios, faz-se necessária uma análise frequente da rota.

30 DIA 1º OBJETIVO

✓ Objetivo é um sonho com prazo determinado.

✓ Concentro minhas forças num objetivo.

✓ A cada dia me empenho o melhor que posso para consegui-lo.

✓ A oportunidade sorri para quem a procura.

✓ Sei que trabalho duro não é suficiente; é preciso ter um objetivo.

✓ Ninguém jamais conseguiu algo nobre sem um objetivo certo.

✓ O objetivo é que alimenta meu entusiasmo.

✓ É melhor mirar as estrelas e acertar as nuvens a mirar muito baixo e acertar o chão.

✓ Sempre elevo meus objetivos, tão logo os atinja.

31 DIA 10 SUCESSO

✓ As pessoas crescem em empresas que também crescem.

✓ O sucesso é medido pela nossa capacidade de levantar e não pelas vezes que evitamos cair.

✓ Sucesso consiste em saber jogar também com as cartas ruins, não somente com as boas.

✓ Lembro que o sucesso deve ser saboreado.

✓ Nada motiva mais do que o sucesso.

✓ Não vale a pena ter sucesso sem felicidade.

✓ Não existe sucesso de graça.

✓ Desfruto o que já obtive.

✓ Penso grande em primeiro lugar.

✓ Mereço o sucesso? Naturalmente, não mereço menos.

✓ Sucesso = Entusiasmo + Ação + Persistência + Fé em Deus.

Observei que, para recarregar as energias, os campeões, independentemente de credo ou religião, alimentam seu inconsciente com orações que muito se assemelham a esta:

Fui escolhido por Deus para ser sua obra-prima e tenho certeza de que Ele se importa muito comigo.

Sou orientado para melhorar e prosperar em todas as minhas atividades.

Procuro cada vez mais a excelência e obtenho sucesso em todos os meus empreendimentos.

Transformo clientes em amigos e todos se interessam pelo que eu tenho a oferecer.

Elevo sempre meus objetivos e aceito com alegria o sucesso que é meu por direito divino.

Essas práticas realmente têm me ajudado a trilhar o caminho do sucesso e tenho certeza de que acontecerá o mesmo com você...

Para conseguir o máximo de aproveitamento, utilizei uma prática a cada dia, repetindo-a ao final de cada período, até perceber que havia se tornado um hábito.

O maravilhoso hábito de conquistar e manter clientes.

Faça o mesmo e comece a se preparar para ingressar no seleto clube dos que, como eu, também se chamam Ben... os BEM-SUCEDIDOS!

CURSOS DISPONÍVEIS COM O AUTOR

• Motivação Pessoal e Coletiva,
Alta Performance e Alto Desempenho:
Motivando e energizando todos para a qualidade,
a produtividade e a competência pessoal;

• Motive-se: desperte o gigante que há em você;

• Conquistar e Manter Clientes:
Vendendo mais e com maiores lucros.
Encantando e fidelizando nossos clientes;
Excelência em serviços;

• O Coração no Poder.
Inteligência Emocional na Prática:
Usando o cérebro e o coração para
superar obstáculos, agir e vencer;

• Colaboradores Brilhantes, Líderes Fascinantes:
Trabalho em Equipe - juntos somos muito
melhores que sozinhos!

• Marketing e Vendas:
Estratégias para superar a concorrência.
Como vender para as mulheres, as maiores
consumidoras da atualidade.
Vendendo para o povão:
a riqueza está na base da pirâmide.

VÍDEOS PARA TREINAMENTOS

São mais de 50 títulos que o Godri dispõe em DVD, abrangendo os mais diversos temas como: motivação, vendas, desenvolvimento pessoal e profissional em geral.

Para conhecer os melhores DVDs de treinamento, visite o site:

www.godri.com.br

SERVIÇO DE ATENDIMENTO AO CLIENTE

Para eventuais consultas,
reclamações,
pedidos e sugestões,
gentileza contatar o autor:

Magnificat Sucessos Editoriais
Rua São Gabriel, 111 • Bairro Cajuru
82900-340 • Curitiba • Paraná
Fone: (41) 3366-4344
E-mail: pedidos@godri.com.br
site: www.godri.com.br

OBRAS RECOMENDADAS

MARKETING DE AÇÃO

O modo mais fácil de conhecer e praticar marketing. Através de casos reais e questões do nosso dia, o autor apresenta um verdadeiro manual de estudos dos principais problemas mercadológicos.
Um livro claro, objetivo e direto, possibilitando ao leitor uma fácil identificação e aplicação prática na sua organização.

SOU ALGUÉM MUITO ESPECIAL

Uma obra que nos guia ao aprimoramento de nossa autoestima, conduzindo-nos ao nosso melhor estado de excelência.
As verdades simples todos conhecem, mas só as pessoas que primam pela excelência utilizam.
Este manual é um presente especial para alguém especial... VOCÊ!

POSSO ATÉ ESTAR APAGADO, MAS FUI FEITO PARA BRILHAR

Na vida, coisas ruins podem acontecer a pessoas que são boas. Por mais que tentemos resgatar nossa autoestima, a decepção e a dor superam nossos limites e parecem nos vencer.
Este livro nos lembra que, mesmo vivendo na mais completa escuridão, com tudo parecendo estar em ruínas, resta-nos sempre uma verdade inquestionável:
"Posso até estar apagado, mas fui feito para brilhar".
Cumpra sua missão e brilhe, brilhe sempre...

NA ESCOLA DA VIDA ATÉ MEU PROFESSOR APRENDEU

Aprender hoje, amanhã, sempre!
Andar de bem com a vida, consigo mesmo, com quem convivemos.
Ser um eterno aprendiz e ser mais feliz!
Este livro tem o objetivo de mostrar ao leitor que é possível encarar os fenômenos que nos sucedem de modo leve, natural e com alegria.
Adotar uma filosofia de vida, como a sugerida nesta obra, conduz a mutações fantásticas.
Sua leitura e ilustrações levam o amigo leitor a fazer comparações com situações reais e a compartilhar com outros as mesmas emoções.
Mergulhe nesses ensinamentos para tornar sua vida mais fácil!